1000 SILUETAS Contemporary silhouette designs

© 2007 promopress

Promopress es una marca comercial de:
Promotora de prensa internacional S.A.
C/ Ausias March 124
08013 Barcelona (ESPAÑA)

Tel. +34 932451464
Fax. +34 932654883
Email: inter@promopress.es
www.promopress.info

Diseño
tmm ideas and graphic solutions

Coordinador de medios: Antonio Triviño Fuentes
Dirección de arte: Ángel David Arocha
Diseño: Ángel David Arocha, Patricia Bravo Cuesta, Alfredo O. Catedral
Traductor: Xavier Faraudo Gener
Impresor: Industrias Gráficas Grup-4, S.A.

Primera edición: septiembre 2007

ISBN 978-84-935438-6-0

D.L.: B-43.352-07

Printed in Spain

1000 SILUETAS

CONTEMPORARY SILHOUETTE DESIGNS

David Arocha Jiménez | Antonio Triviño Fuentes

promopress

Este libro está dedicado en especial a
Eva Catedral Hernández, por demostrarnos que
el ánimo es la mejor medicina.

INDEX INDICE

People / Personas

Objects / Objetos

1000 SILUETAS contemporary silhouette designs

En un interesantísimo artículo titulado "La distinción entre estilo y diseño", el teórico de la información, del diseño y de la comunicación global interactiva Adam Greenfield, de la Universidad de Nueva York, apunta muy acertadamente: "Creo que el éxito en el diseño se obtiene cuando se satisfacen las necesidades del cliente. Lo que lo distingue del arte o la expresión personal, en Occidente al menos, es que pasamos varios siglos de refinamiento para llegar a esta concepción […] En el metacampo del diseño, algo que para mí incluye diseño gráfico, tipografía, diseño industrial, diseño de interiores, arquitectura, moda, incluso jardinería, quizá hasta la cocina- tendrías que ser bastante tosco para ignorar el amplio movimiento hace la utilidad, simplicidad y claridad […] Lejos de estar caducada, creo que la definición de diseño como un intento consciente de articular soluciones a situaciones humanas reales tiene más significado que nunca."

Nosotros estamos totalmente de acuerdo con Greenfield, y te brindamos un instrumento útil, simple y claro, de gran funcionalidad, para que tus trabajos tiendan también a esas metas, a esas soluciones a desafíos concretos que todo diseño que pretenda tener éxito en los tiempos que corren ha de alcanzar y emular con ciertas garantías. La relación entre cliente y diseñador ha de ser satisfactoria y, en el mejor de los casos, para ambas partes, pero el diseñador fracasa si no aporta las soluciones efectivas que el cliente está buscando, y en el tiempo deseado.

Se trata pues de cubrir de manera satisfactoria una necesidad, de comunicación en el caso del diseño gráfico, y, deseablemente, de mostrar que las soluciones alcanzadas obedecen a un criterio creativo propio. 1000 Siluetas: Contemporary silhouette designs, nace para ser una herramienta versátil que tú puedes utilizar de acuerdo a tu creatividad, pero ahorrándote esfuerzos que normalmente te robarían demasiadas horas que, de este modo, podrás invertir en la investigación y el tratamiento de tus encargos, y en la parte más constructiva e incluso artística de tu trabajo como diseñador.

Agradeciendo tu elección, tenemos el placer de ofrecerte este nuevo instrumento de diseño cuyo objetivo es facilitar tu labor creativa, una herramienta que supone una ayuda puntual y eficiente para los múltiples casos que se presentan en tu labor cotidiana.

1000 SILUETAS contemporary silhouette designs

In a very interesting article called "The distinction between style and design", the information, design and global interactive communication Adam Greenfield from New York University, states very accurately: "I think that success in design is mostly about meeting the customer's requirements. What makes it different from art or personal expression, at least in the Western culture, is that we passed through many centuries of sophistication to get to this conclusion. [...] In the meta-field of design —which, to me, means graphic design, typography, industrial design, interior decoration, architecture, fashion, even gardening and maybe cooking, too— you ought to be very rude to ignore the broad movement to utility, simplicity and clarity. [...] Far from being outdated, I think that the definition of design as a conscious try to give solutions to actual human situations, has more meaning than ever".

We do fully agree with Greenfield, and we bring you a useful, simple and clear tool, of great functionality, so your work can aim to these goals too, to those solutions to actual problems that any design intending to success nowadays must reach and fulfill to some avail. The relationship between customer and designer must be satisfying, and, what is best, to both parts —but the designer fails if he or she does not produce the effective solutions that the customer is looking for, and in due time.

So, what is needed is to actually satisfy a need, of communication in the case of graphic design, and, desirably, to show that the solutions reached are born of one's own creative criteria. 1000 Siluetas: contemporary silhouette designs is here to be a versatile tool that you may use following your creativity —but saving you a lot of work that would take many hours which, this way, you'll be free to use investigating and developing your commissions, and in the more constructive, even artistic, stage of your design work.

While thanking you for your choice, we have the pleasure to bring you this new design tool whose aim is to make your creative work easier, a jack-of-all-trades full of resources which will help you in those hard points of your daily work.

oficios
jobs

009

010

019 020 021

022 023 024

028

029

030

033

034

035

036

037

038

039

040

041

042

046

047

048

049

050

051

052

053

054

055

056

057

058

059

060

061

062

063

064

065

066

067

068

069

070

074

075

076

080

081

082

083

084

ØBS

086

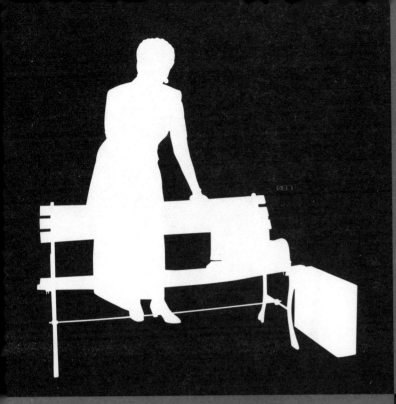

087

088

089

090

091

092

093

094

045

096

097

098

102

103

104

105

106

107

108

109

T1

T2

115

116

117

118

119

120

121

122

123

124

125

126

127

128

deportes
sports

129

130

131

132

133

134

135

136 137 138 139

140

141

142

143

144

145

146

147

148

149

150

151

152

153

154

155

156

157

158

159

160

161

162

163

164

165

166

167

168

169

174

175

176

177

178

179

180

181

182

183

184

185

186

187

188

189

190

191

192

193

194

195

196

danza
dance

198

199

200 201 202 203

204 205 206

207 208 209

210 211 212 213

214

215

216

217

218

219

220

música
music

221

222

223

224

225

226 227 228 229

230

231

232

233

234

235

236

237

238

vida diaria _daily life_

089

239

240 241 242 243

244 245

246 247 248 249 250 251

252

254

253

255

256

257

258

259

260

261

262

263

264

265

266

267

268

269

272

273

274

275

276

277

278

279

280

281

282

283

284

285

286

287

288 289 290 291

292 293 294

295

296

297

298

299

300

301

302

303

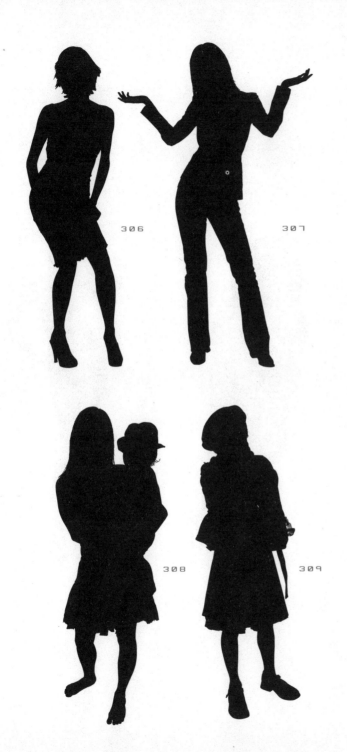

306

307

308

309

310

311 312 313 314

315 316 317 318 319 320 321

niños

Kids

324

325

326

327

328

329

330

331

332 333 334 335

336 337 338

339

340

341

342

343

344

345

346

347

348

349

350

351

352

353

354

355

356

357

358

359

360 361 362 363

364 365 366 367 368

369

370

371

372

373

374

375

376

377

378

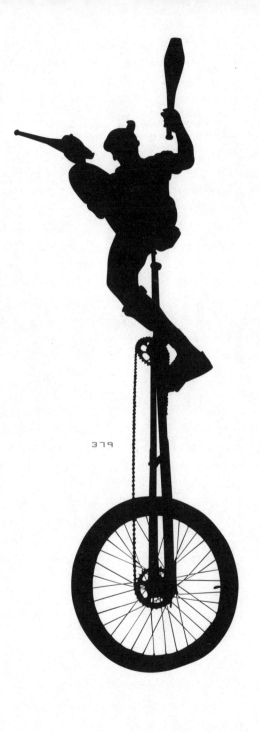

379

Familia

Family

380

381

382

383

384

385

386

387

388

389

390

391

392

393

394

395 396 397

398

399

400

401

402

403

404

405

406

407

408

409 410 411

412

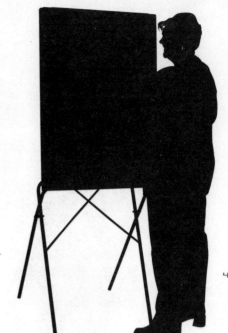

413

414

415

416

417

418

419

420

421

422

423

424

425

426

427 428 429

430 431 432

433

434

435 436 437

438

439

440

441

442

443

444

445

446

447　　　　　　　　　　448

449 450 451 452

453 454 456 457

458 459 460 461

462

463

464 465 466

467

468

469

470

471

472

473

474

475

476

477

478

479

480

481

482

483

484

485

486

487

488

489

490

491

492

493

494

495

496

497

498

499

500

501

502

503

504

505

380/5H Familia_Family

506

507

508

509

510

511

512

513

514

comunicación
communication

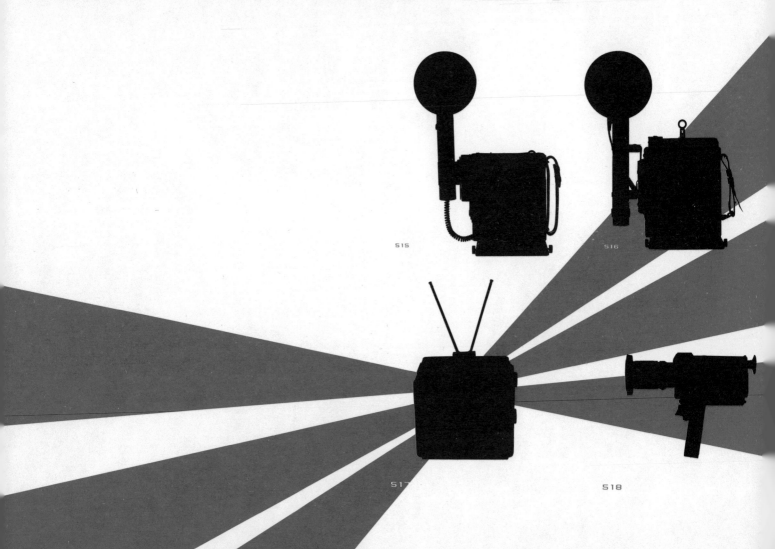

515

516

517

518

519

520

521

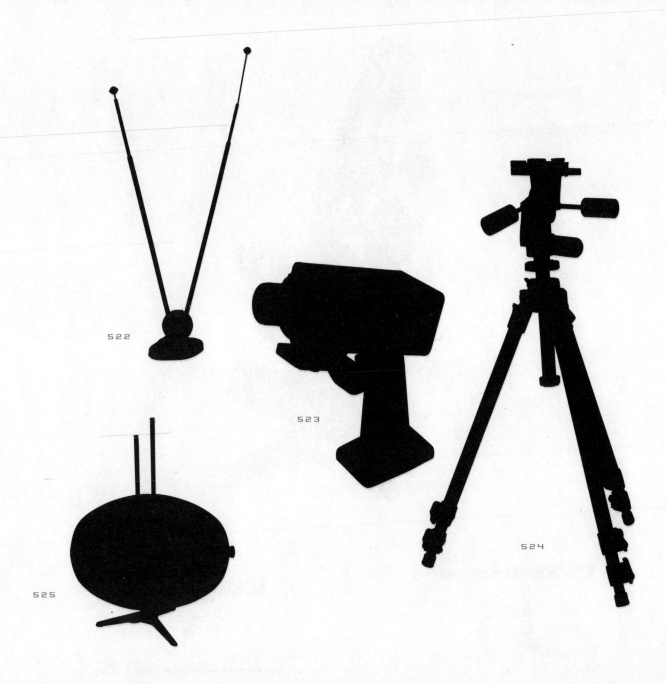

522

523

524

525

526

527

528

529

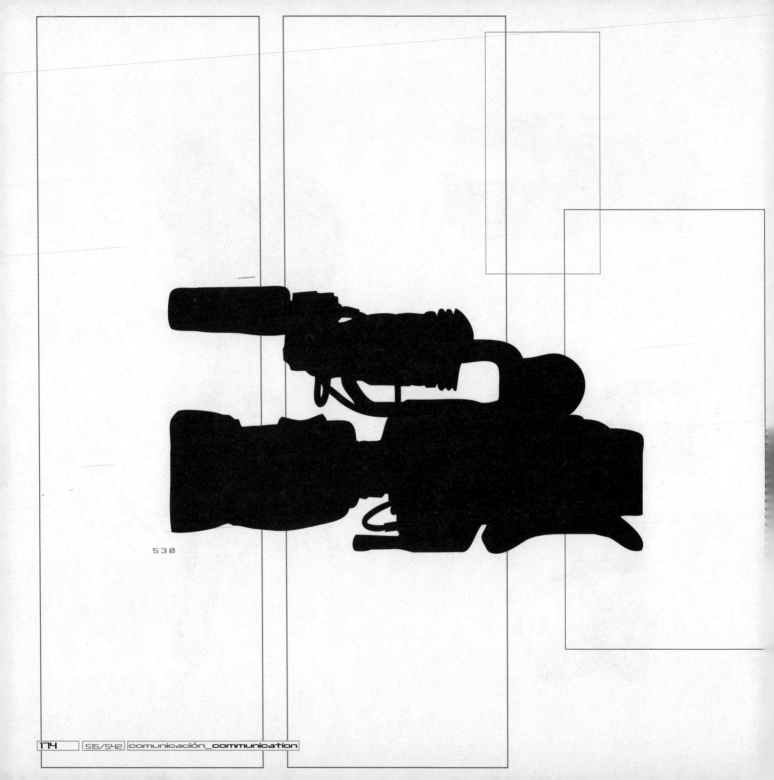

530

531

532

533

534

535

536

537

538

539

540

541

542

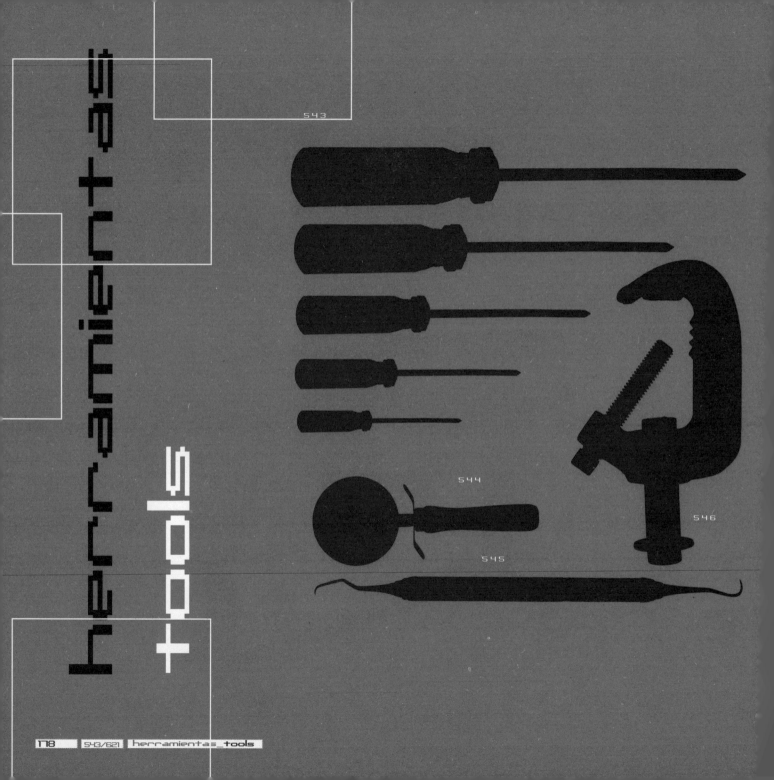

herramientas

tools

544

545

546

547

548

549

550

551

552

553

554

555

556

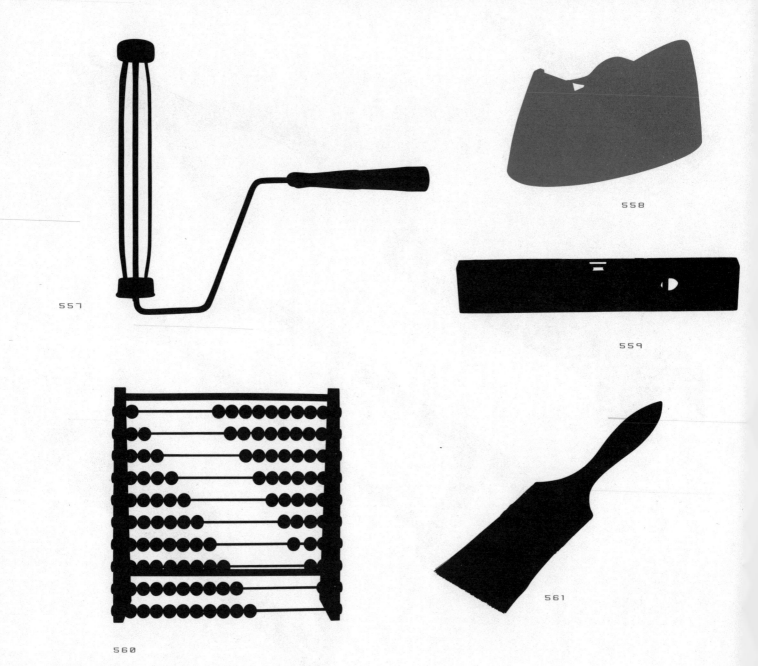

557

558

559

560

561

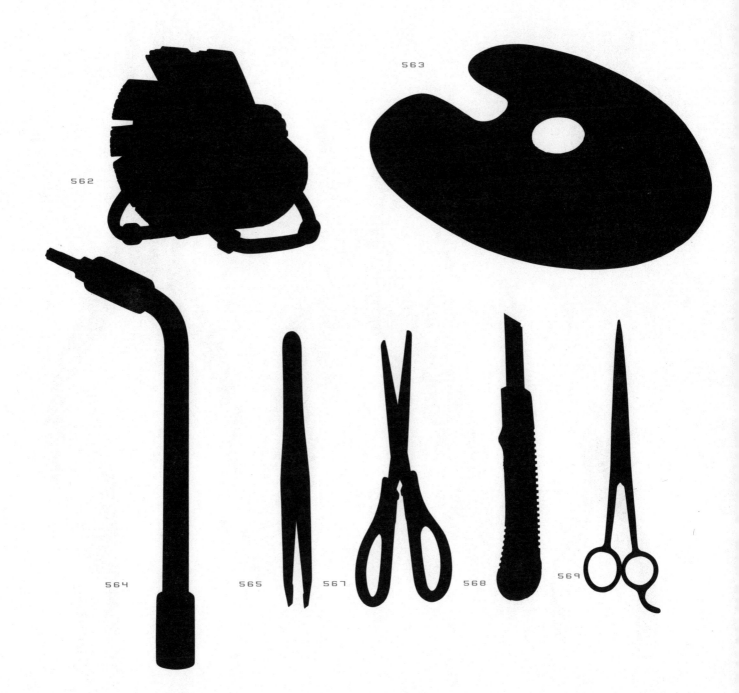

562

563

564

565

567

568

569

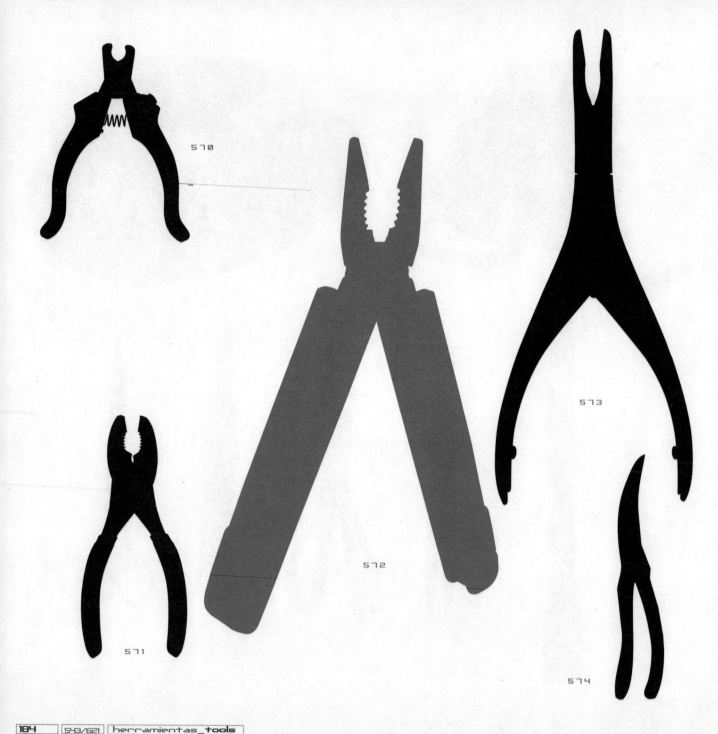

570

571

572

573

574

575

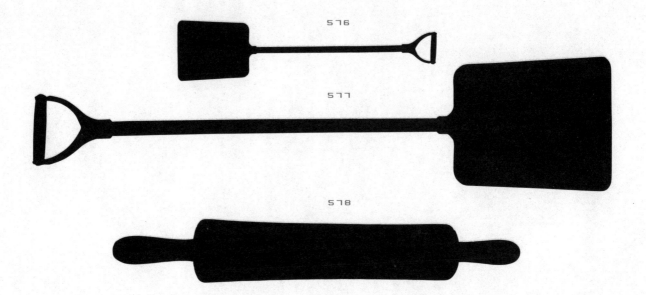

576

577

578

579

580

581

582

583

584

585

586

587

588

589

590

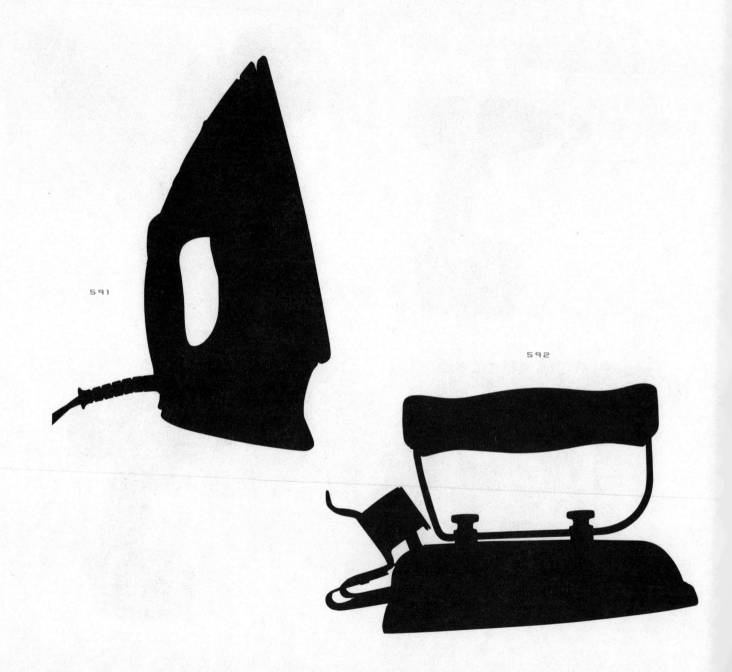

591

592

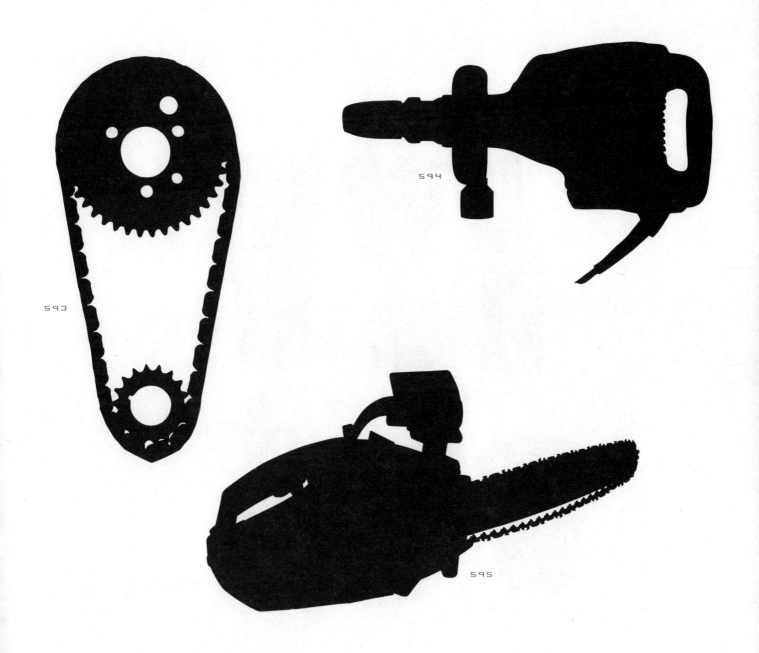

593

594

595

596 597 598

599 600 601

602

603

604

605

606

607

608

609

610

611

612

613

614

615

617

618

619

620

621

616

vehículos
vehicles

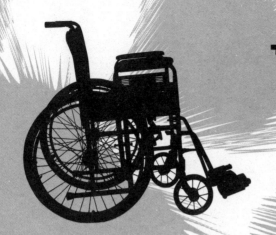

622

623

624

625

626

627

628

629

630

631

632

633

634

635

636

637

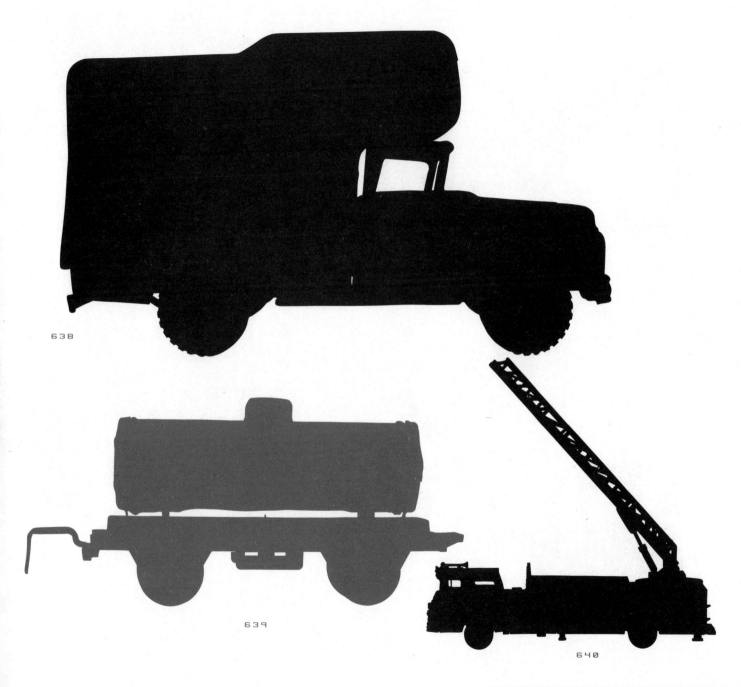

638

639

640

641

642

643

644

música

music

645

646

647　　648　　649

650

651

652

653

654

655 656 657

658

659

mobiliario
Furniture

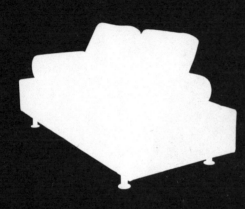

660

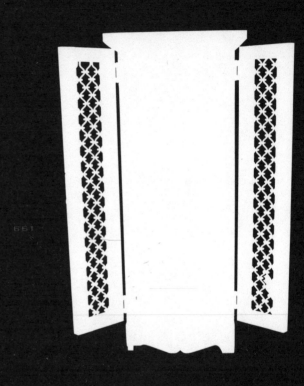

661

662

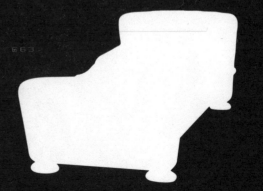

663

664

666

665

667

668

669

670

671

672

673

674

675

676

677

678

680

679

681

682

683

684

685

686

687

688

689

690

691

692

693

694

695

696

697

698

699

700

701

702

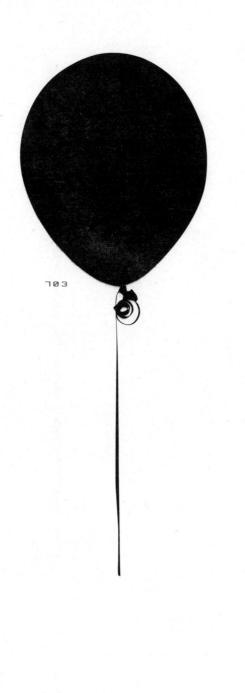

703

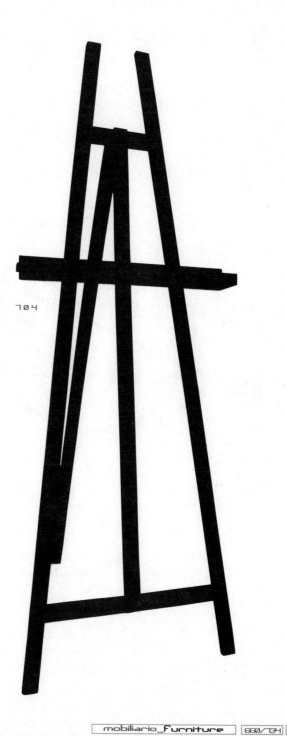

704

705

706

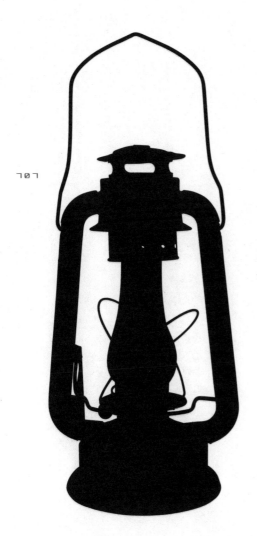

707

708

709

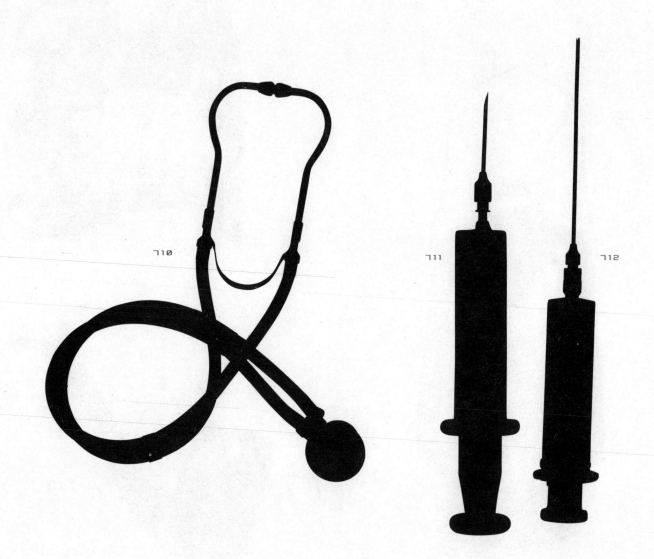

710

711

712

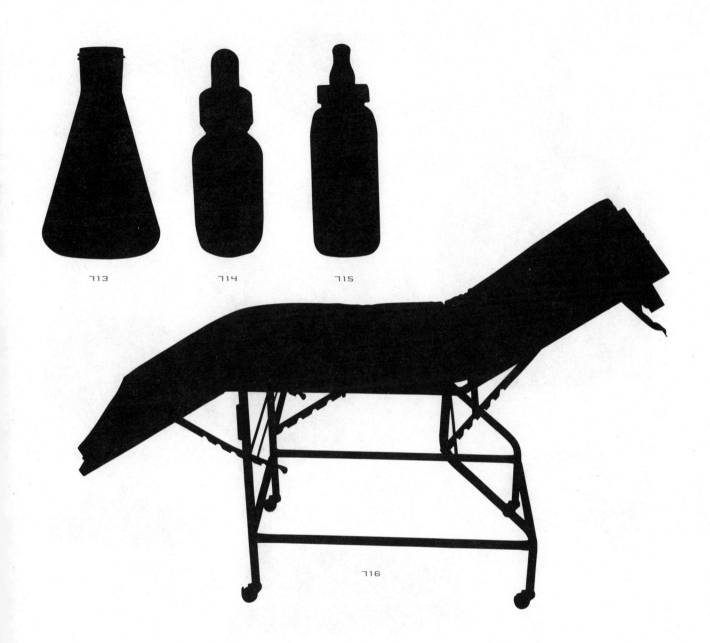

713

714

715

716

718

717

719

721

720

723

724

725

727

728

729

726

733

730

732

734

731

deportes
sports

735

736

737

738

739

740

741

742

743

744

745

746

747

moda y accesorios
Fashion and accessories

749

748

150

751

752

753

754

755

756

757

758

759

760

761

762

763

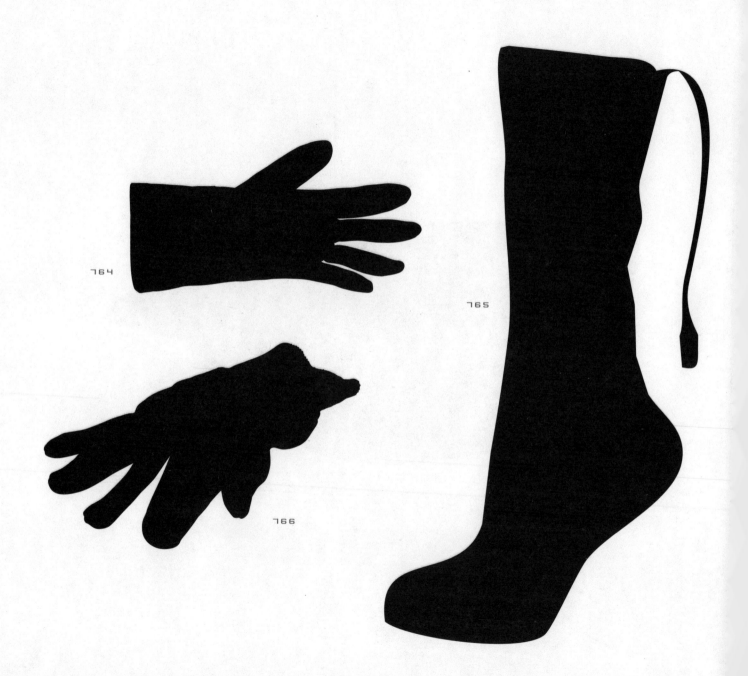

764

765

766

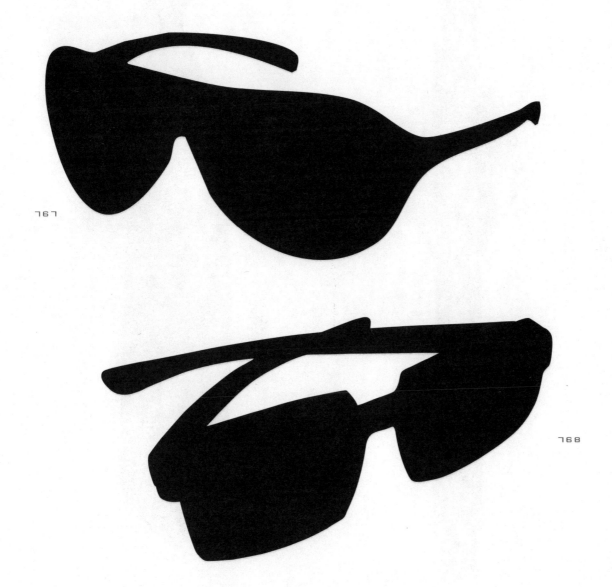

767

768

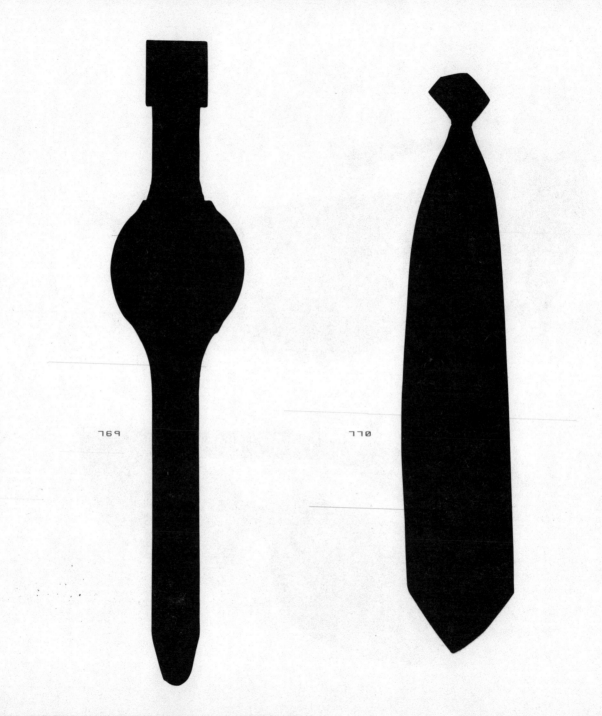

769

770

ILUSTRACIÓN DIGITAL
Opie, Robert

19,00 x 26,50 cms. 176 págs. Texto en español.

How can you combine traditional handcrafting skills with the latest digital technology to create arresting images? This book provides step-by-step tutorials, top image makers give advice on setting up a successful studio.

Este libro descubre los secretos de los ilustradores de mayor éxito ofreciendo una recopilación de sus mejores trabajos con una exposición didáctica de todas las técnicas y destrezas necesarias, con ejemplos reales.

EN ESTADO PURO: Icons, Typos & Motion Graphics
Un mundo feliz

21,00 x 22,00 cms. 216 págs. English and Spanish text.

Icons, typos and motion graphics. 400 royalty-free illustrations and 200 quicktime films about politics and social themes. These images deal with subjects such as war and peace, animal rights, life and death, racism, freedom…It includes a CD-ROM.

Iconos, tipografías y motion graphics. 400 ilustraciones de libre reproducción y 200 películas quicktime sobre temas sociales y políticos tales como, la guerra y la paz, derechos de los animales, vida y muerte, racismo, libertad,…Se adjunta CD-ROM.

PÔPS-À-PORTER Characters & Patterns vol.1.

21,00 x 21,00 cms. 120 págs. Spanish and English text.

It offers new puppies & characters into action and their applications to designs and textures. They can be used to decorate clothes, objects and items addressed to children and toddlers. It includes a CD-ROM.

Nuevas mascotas y personajes en acción y sus aplicaciones a diseños y texturas. Se pueden emplear para decorar ropa, objetos y artículos para un público infantil .(Se incluye un CD-ROM, con todos los diseños en formato vectorial.)

FOLLETOS Y CATÁLOGOS: Acabados de impresión y edición
Roger Fawcett-Tang

23,50 x 26,70 cms. 192 págs. Texto en español.

It gives readers a through understanding of materials, print and production processes, revealing the skills and techniques needed to meet any requirement of brochures and catalogues designs.

La mejor creatividad en folletos y catálogos desde el punto de vista de los acabados de impresión y edición. Ofrece ejemplos reales de todos los presupuestos que destacan por sus materiales, formatos, pliegues, encuadernaciones y otros acabados ingeniosos.

DISEÑOS DECORATIVOS CONTEMPORÁNEOS

18,00 x 20,50 cms. 336 págs. Texto en español.

The latest graphics trends in a beautiful, varied collection that gathers news, innovative patterns, prints and wallpapers. An indispensable reference for all kinds of designers (fashion, textile, interiors, graphic and product). It includes a free CD-ROM.

Las últimas tendencias gráficas en una hermosa y variada recopilación de nuevos e innovadores estampados, papeles pintados, y diseños decorativos que son una referencia esencial para todos los campos del diseño. Contiene un CD-ROM gratuito.

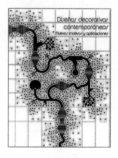

SOPORTES Y FORMATOS PARA PROMOCIONES

23,30 x 26,80 cms. 192 págs. Texto en español.

It explores the creation of promotional items from a production and manufacturing point of view. It gives a thorough understanding of materials, print and production processes that can be applied to any job, revealing the skills and techniques.

La mejor creatividad gráfica de objetos promocionales desde el punto de vista del diseño en los acabados de impresión y edición. Analiza trabajos reales para todos los presupuestos (flyers, calendarios, botellas,…) con todo tipo de acabados ingeniosos.

FOR FURTHER INFORMATION ABOUT OUR BOOKS: /PARA MAYOR INFORMACIÓN SOBRE NUESTROS LIBROS:

PROMOPRESS – C/ Ausias March, 124 – 08013 Barcelona (Spain) T: +34 932.451.464 F: +34 932.654.883 E: inter@promopress.es W: www.promopress.info

AUTHORS / AUTORES

DAVID AROCHA

Strategy and creative director of
"tmm ideas and graphic solutions"

Dirige la agencia de diseño gráfico
"tmm ideas and graphic solutions"
En la actualidad trabaja como
director creativo y de estrategia de
proyectos.

ANTONIO TRIVIÑO

Executive director of *"tmm ideas
and graphic solutions"*

Director ejecutivo de *"tmm ideas and
graphic solutions"* . Es el responsable
de ofrecer soluciones y logística al
departamento de empresas.

STUDIO / ESTUDIO:
c/ Aduana 27 - 28013 Madrid (Spain) - Tel: +34 902 903 191 - Fax: +34 902 106 299 - Email: info@tmm.com.es - www.tmm.com.es

961

962

952

953

954

955

956

957

958

959

960

947

948

949

950

951

944

945

946

armas
weapons

936

937

938

939

940

943

941

942

934

935

construcciones
buildings

927

928

929

930

923

924

925

926

910

911

912

913

907

908

909

901

902

903

904

905

906

900

897

898

899

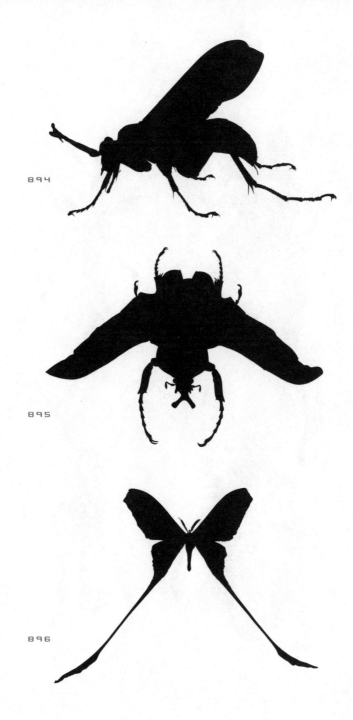

894

895

896

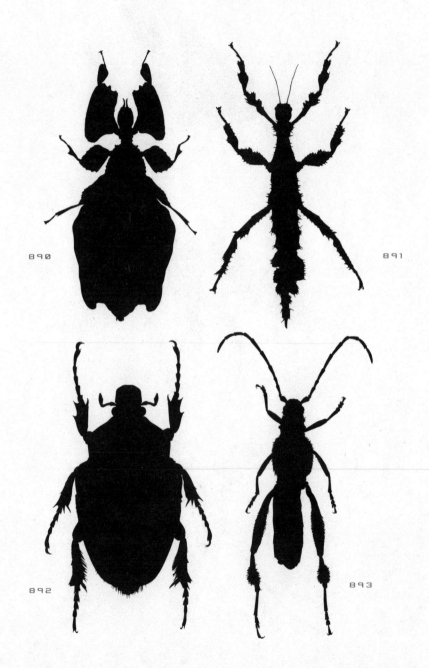

890

891

892

893

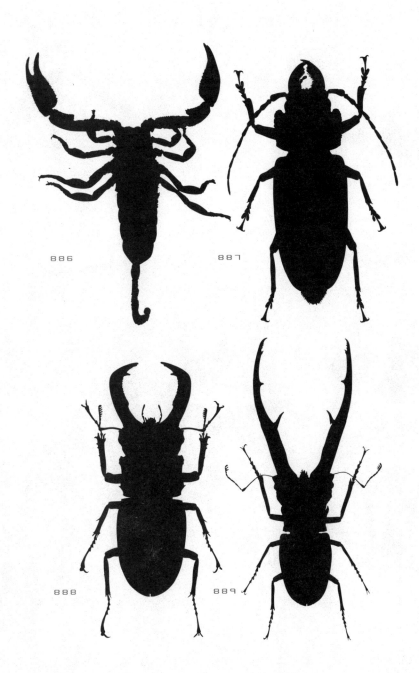

886　887

888　889

879

880

881

882

883

884

885

animales

animals

872

873

874

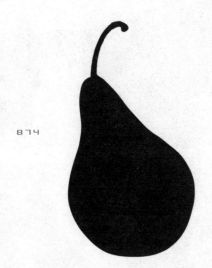

875

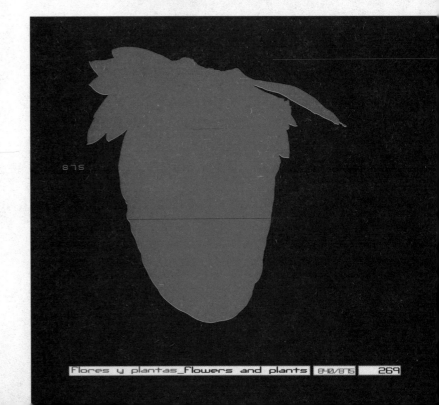

866

867

868

869

863

864

865

859

860

861

862

853

854

855

856

857

858

845

846

847

848

849

850

851

852

Flores y plantas
Flowers and plants

841

840

842

843

844

837

838

839

832

833

834

835

836

829

830

831

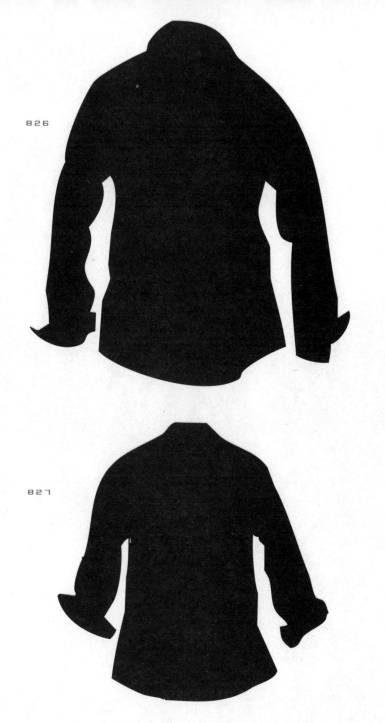

826

827

828

825

819

820

821

822

823

824

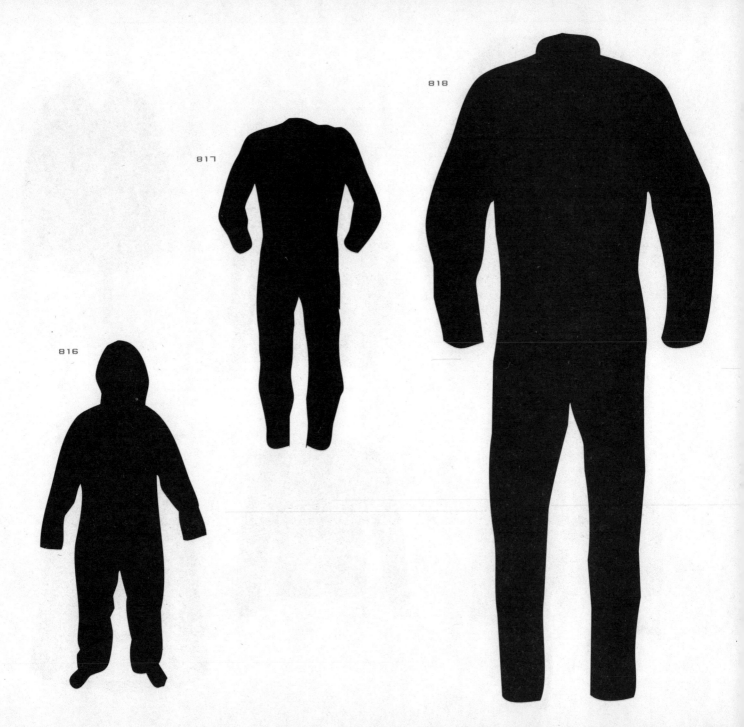

816

817

818

812

813

814

815

809

810

811

803

804

805

806

807

808

800

801

802

795

796

797

798

799

789 790 791 792

793 794

786

787

788

782

783

784

778

779

780 781

776

777

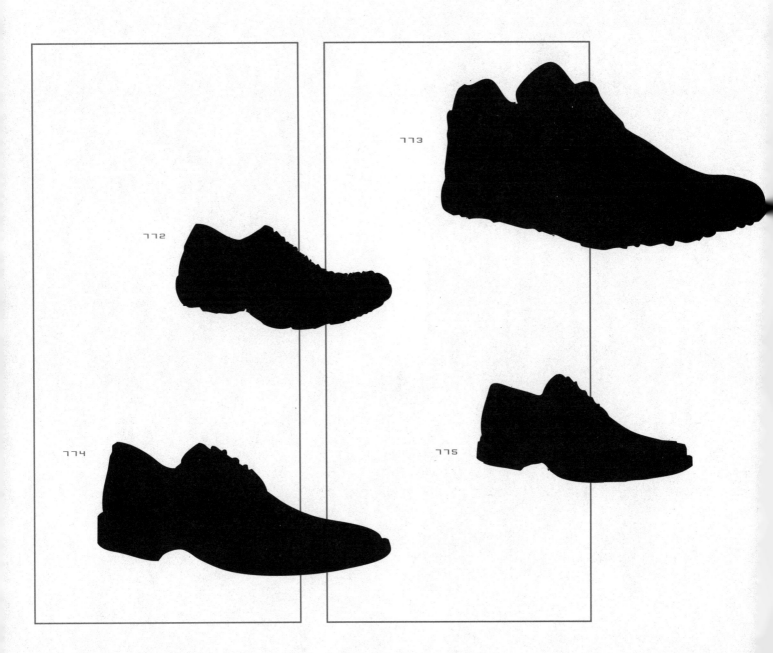

772

773

774

775